LES
PÉCHÉS DU JOURNAL

RAPPORT LU AU CONGRÈS DES CATHOLIQUES
DU NORD ET DU PAS-DE-CALAIS.

PAR

Édouard ALEXANDRE

PRIX : 50 CENTIMES

Au profit du journal *La Croix*.

PARIS
TÉQUI, ŒUVRE DES BONS LIVRES
85, rue de Rennes, 85
—
1892

LES PÉCHÉS DU JOURNAL

DÉPOTS DE CETTE BROCHURE :

TÉQUI, 85, rue de Rennes. — Paris.

Journal *La CROIX*, 8, rue François Ier. — Paris.

La VRAIE FRANCE, rue de Pas. — Lille.

Mme Vve Guyard, 40, rue de Bordeaux. — Le Havre.

Chez l'auteur : 103 rue de Montivilliers. — Le Havre.

Et dans tous les Bureaux des *Croix* de province.

Paris, — Imp. Téqui, 92, rue de Vaugirard.

LES
PÉCHÉS DU JOURNAL

RAPPORT LU AU CONGRÈS DES CATHOLIQUES
DU NORD ET DU PAS-DE-CALAIS.

PAR

Édouard ALEXANDRE

Prix : **50** Centimes

Au profit du journal *La Croix.*

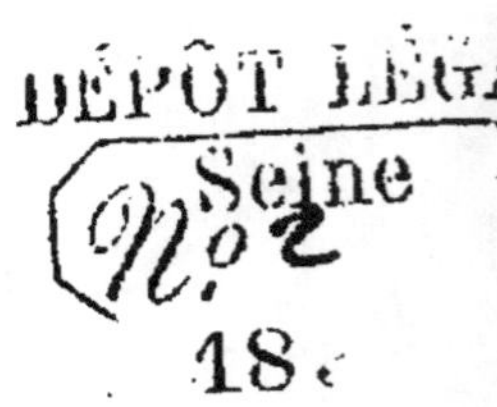

PARIS

TÉQUI, Œuvre des Bons Livres
85, rue de Rennes, 85
—
1892

Au R. P. BAILLY,

Directeur du Journal « LA CROIX »

Vous avez éclairé de vos lumiéres le Congrès de Lille, le 20 novembre 1891.
Permettez à un modeste journaliste catholique de Normandie de vous dédier ce rapport.

Votre très humble serviteur,

Edouard ALEXANDRE.

Le Havre, 22 Mai 1892

LES PÉCHÉS DU JOURNAL

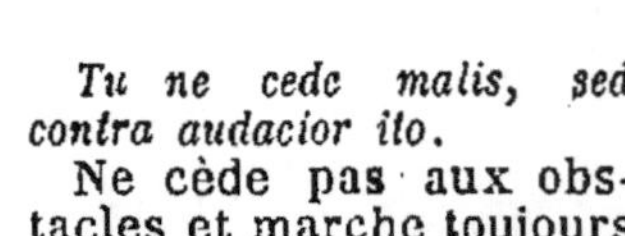

Tu ne cede malis, sed contra audacior ito.
Ne cède pas aux obstacles et marche toujours plus audacieux.

Messieurs (1),

Inconnu dans vos rangs, je vous dois l'exhibition de mon passeport : Je suis catholique et français.

Permettez-moi d'ajouter que je suis né en Normandie et, pour être complet, que les gens de mon pays estiment qu'il y a, toutefois, en moi, plus d'ardeur méridionale que de prudente réserve.

Sans doute, dans ma famille je dois compter quelque buveur de vin généreux : ce qui ne me fait nullement renier le royaume du cidre ambré et le doux ciel, estompé de teintes grises, qui, à l'avril, sourit mélancoliquement à mes chers pommiers.

Je ne conteste aucune des gloires de la Monarchie française ; mais je ne suis pas monarchiste de tradition.

Malgré toutes ses turpitudes, il est des heures où je me suis pris, — sans vouloir, moi pygmée, sonder le dessein de la Providence, — où je me suis pris, dis-je, à croire à la République — expurgée de son dogme révolutionnaire.

(1) Rapport lu, le 20 Novembre 1891, au Congrès des Catholiques du Nord et du Pas-de-Calais, à Lille (section de la Presse).

Puis, d'autres heures sont venues, amères et lourdes, où, si je n'eusse été chrétien et catholique pratiquant, j'aurais désespéré et de mon temps et de mon pays.

Sans autre préambule, je suis à Jésus-Christ et seulement à Jésus-Christ; il est mon roi, mon guide, ma lumière et ma joie, et je ne veux appartenir qu'à lui!

L'Eglise a toutes les solutions, et je ne crois qu'à l'Eglise, fille du temps, fille de l'Eternité et qui seule, quelle que soit la forme du gouvernement français de demain, le fera bon, juste et grand, parce que l'heure sonne où le mot prophétique de Joseph de Maistre sera un fait accompli : « Ce siècle a commencé par la pro-« clamation des droits de l'homme et il finira par celle « des droits de Dieu ».

Après sa conversion — qui ne fut qu'un parachèvement moral — Paul Féval — je vous demande pardon de citer un romancier à côté d'un philosophe — Paul Féval disait : « Travaillons sans relâche comme si la « transformation du monde dépendait de chacun de « nous; puis, la tâche terminée, disons-nous que rien « n'est fait et que tout succès de nos œuvres relève de « l'ardente prière qui fend le ciel et touche le cœur de « Dieu ! »

Jamais plus magnifique paraphase n'a été faite, selon moi, du vieux dicton si chrétien de nos pères : « Aide-toi et le ciel t'aidera »

Un évêque français a dit : « Il est, peut-être, aussi « utile, au XIX⁰ siècle, de faire un bon journal que de « bâtir une église. »

Il y a quinze ou vingt ans, si ma mémoire n'est pas infidèle, que je connais ce mot.

Vingt ans que je le redis, vingt ans que je le creuse.

Mon histoire de journaliste vous intéresserait peu et je passe. « Le Moi est haïssable » s'écrie Pascal. Donc, je parlerai ici peu de moi, et beaucoup du journal de mon concept, lequel, sous peu, je l'espère, sera le vôtre — en projet du moins.

Cette étude formera trois petits chapitres dont voici les titres :

1° Qu'est-ce qu'un bon journal.

2° Pourquoi les catholiques n'ont pas toujours la vision du bon journual.

3° La mauvaise presse nous tue, tuons la mauvaise presse.

CHAPITRE PREMIER

QU'EST-CE QU'UN BON JOURNAL

Je vais procéder par demandes et par réponses pour mes deux premiers chapitres, et le troisième reprendra la forme habituelle de la dissertation et du rapport.

C'est le moyen, je crois, d'éviter les longueurs sans négliger les objections et d'arriver au but par la voie la plus directe et la plus facile.

Vous me pardonnerez ce cours de journalisme traité à la façon d'un Catéchisme, bien que j'aie ici plutôt à recevoir qu'à donner des leçons.

Les plus prudents peuvent, d'ailleurs, se rassurer, je n'empiéterai nullement sur le domaine de la théologie pure. Non, je ne viens ici que pour faire ce que j'ai fait toute ma vie : mon métier de journaliste compris avec mon cœur chrétien.

Ne sutor ultra crepidam, cordonnier travaille ton cuir.

D. — Qu'est-ce qu'un Journal?

R. — Un champ de bataille.

D. — Pourquoi optez-vous pour cette définition !

R. — Parce que Louis Veuillot a dit: « le Journalisme c'est la guerre »

D. — Et vous ne jurez que par Veuillot?

R. — Veuillot écrivain, je l'admire; Veuillot homme de sacrifice, je l'admire; mais Veuillot polémiste je l'abhorrerais si je ne savais que ses plus durs coups de fouet — ceux qui châtiaient jusqu'au sang — furent toujours, en somme, des actes de charité.

D. — Comment expliquerez-vous cela? L'Eglise ordonne de haïr le péché; mais elle défend de maudire le pécheur. « Tu ne diras pas : Racca à ton frère »

Concilierez-vous l'Evangile avec l'œuvre fulgurante et passionnée de Veuillot ?

R. — Oui. Est-ce aimer que de laisser froidement les gens mettre un pied dans l'Enfer. Est-ce aimer que de flatter l'ami qui s'égare. Est-ce aimer enfin que de se croiser les bras devant l'invasion du mal et de ne pas cautériser, même avec un fer rouge s'il le faut, les plaies d'un monde flétri et gangréné et dont la pourriture immonde menace les bons eux-mêmes de son contact ?

Or, Veuillot a fait tout cela, et s'il a cinglé tous les grands de son siècle qui trahissaient Dieu, c'est parce-qu'il voulait conserver Dieu aux humbles et aux petits.

Et si, d'aventure, il lui est arrivé de frapper aussi durement sur le pécheur que sur le péché, contrairement aux avis de sa mère vénérée : l'Eglise, c'est parcequ'il frappait pour guérir et que le chirurgien coupe la jambe qui pourrit le reste du corps.

D. — Mais l'Eglise, par la voix de Pie IX, ne lui conseilla-t-elle pas la modération.

R. — Alors, il s'apaisa toujours et obéit.

D. — Avait-il qualité pour reprendre et morigéner l'Episcopat ?

R. — Non.

D. — Il fut donc coupable de ce chef.

R. — Oui, mais il a paru devant Dieu riche d'œuvres et de bon vouloir. Prions pour lui, Dieu est bon aux vaillants, même lorsqu'ils excèdent, s'ils ont eu la pureté d'intention. Or, Veuillot fut la sincérité même.

D. — Mais ne vous écartez-vous pas de votre sujet. Veuillot n'est pas tout le journalisme catholique, et d'ailleurs il est mort.

R. — Je ne m'écarte nullement de mon sujet et cette digression m'y ramène. A chaque évolution humaine, la Providence réserve un homme spécial.

Les tiédeurs de 1830, le vague philosophique de cette époque, le Jansénisme expirant avec le gallicanisme ; le juste-milieu et le libéralisme — qui n'est pas la liberté — ; la recrudescence du respect humain ; l'ignorance religieuse ; les derniers vestiges de la religiosité du XVIIIe siècle, façon Jean-Jacques et Bernardin de Saint-Pierre, sorte de fade parodie de la Religion vraie

— tout cela commandait, voulait en quelque sorte les brutales lanières de Louis Veuillot.

Mais nos luttes actuelles, les négations totales, les hypocrisies bêtes, les trahisons des bons, l'orgueilleuse ignorance des méchants, nos compromissions et nos platitudes *fin de siècle,* pour tout dire, rien de tout cela, non rien de tout cela, n'appelait plus le fouet vengeur du Juvenal catholique.

La société française actuelle veut plutôt la douce main de la sœur de Charité pour être ramenée au giron tutélaire de l'Eglise que le coup de massue du polémiste sans réserve et sans frein

Dieu rappela Louis Veuillot à lui. L'heure d'un homme d'action avait sonné. Il ne fallait plus seulement parler; mais traduire la parole en actes, virils et résolus : nous eûmes Albert de Mun, le vaillant pionnier des cercles catholiques d'ouvriers !

D. — Mais ne détruisez vous pas vous-mêmes votre thèse. A quoi bon les tribuns et les journalistes, si vous placez le salut dans l'action seule : *Acta non verba.*

R. — L'action est la leçon par l'exemple, et le Journal, moins doctrinaire et plus descriptif qu'autrefois, renonce souvent à la thèse, pour raconter les faits et instruire et moraliser par l'exemple. D'où l'invention du Reportage qui, s'il a ses abus, a néanmoins sa grande utilité.

Est-ce que le Journal, s'il est bon, ne doit pas raconter pour édifier, puisque c'est par le récit poétisé du mal, beaucoup plus que par la contre-vérité ou l'hérésie, que se fait aujourd'hui toute la décadence sociale. toute la corruption française.

D. — Prouvez cela par des faits.

R. — C'est la statistique qui va vous répondre.

D. — Vous y croyez ?

R. — Oui, lorsqu'elle puise aux sources.

D. — Combien comptez-vous de journaux en France ?

R. — Bons et mauvais, on en compte plus de 5.178, d'après le rapport de M. Emmanuel Arène sur le budget de l'Intérieur (octobre 1891)

D. — Ce nombre comprend sans doute les organes techniques et professionnels.

R. — Oui, et il embrasse la France et les colonies.

D. — Quel est le nombre des journaux politiques ?

R. — Il est de 1640 pour la France et les colonies.

D — Dans l'hypothèse où tous les journaux républicains devraient être notés « mauvais » et tous les journaux conservateurs notés « Bons » quel serait le rapport du Bien et du Mal.

R. — Le Bien serait représenté par 580 journaux et le Mal par 1060, c'est-à-dire que le Mal serait au Bien comme 2 est à 1.

Mais le Bien est de beaucoup au-dessous même de cette proportion, déjà si effrayante, car les trois quarts des soi-disants bons journaux occasionnent peut-être autant de désastres moraux que les organes de publicité absolument mauvais.

D. — Vous exagérez.

R. — Non, je n'exagère rien.

D. — N'appeleriez-vous donc « bons journaux » que les Semaines religieuses et les bulletins d'œuvres pies ?

R. — Pas le moins du monde. J'appelle bons journaux tous ceux qui, avec la doctrine et la morale de l'Eglise pour base et point d'appui, traitent de toutes les matières imaginables : Philosophie, Beaux arts, Sciences, voyages, voire même fêtes mondaines, sport théâtres et courses.

D. Et le nombre des organes professant l'unité des doctrines dans la variété des thèmes, représenterait selon vous, en France le Bien par 1 et le Mal par 2.

R. — Non, le bien par 3 et le mal par 9, car si tous les soi-disants bons journaux ne sont pas bons, cela ne veut pas dire qu'il n'y ait pas de bons journaux.

D. — Mais alors tout est perdu ?

R. — Rien n'est perdu et nous touchons même à une restauration victorieuse, plus prochaine qu'on ne croit, de la presse française. Ce triomphe du journal, utile et faisant du bien, serait déjà même un fait accompli si la politique n'entravait pas ce généreux dessein.

D. — Comment vous rêvez d'un organe de salut social sans politique d'aucune couleur exprimée. C'est utopie pure, folle chimère.

R. — On m'a déjà dit cela en Normandie et en Saintonge; mais tout le monde ne le dit pas à Paris.

D. — Expliquez-vous.

R. — Qu'on le veuille ou qu'on ne le veuille pas, nous sommes pays de suffrage universel. Or, il importe de faire des mœurs chrétiennes aux électeurs, si nous voulons que nos élus légifèrent en s'inspirant du fait qui a transformé le monde : un Dieu fait homme saignant et mourant sur une croix de bois !

Tous les systèmes politiques peuvent être bons s'ils relèvent du Calvaire; mais s'ils n'en relèvent pas, tous sont mauvais. Il n'y a pas à sortir de ce dilemme.

Pour me résumer, le journal catholique n'a présentement qu'une tâche à remplir : moraliser et christianiser le suffrage universel; et le suffrage universel, moralisé et christianisé réunira les masses en des aspirations communes et sera l'arbre du bon fruit, quel que soit le nom politique de ce fruit.

Autrement, la multiplicité des cocardes et des nuances politiques par la presse, c'est la confusion de Babel avec la diversité des langues, et la masse ne vote plus en chrétienne, parce qu'il y a autant d'idiomes politiques que de journaux et que nulle part on ne parle plus chrétien, à de très rares exceptions près, devant les urnes du suffrage universel.

D. — Iriez-vous donc parler chrétien aux hypnotisés révolutionnaires de Belleville ?

R. — Si j'étais digne d'obtenir un mandat civique, oui; mais je n'arborerais aucune cocarde politique et j'aurais mon chapelet à la main.

Le peuple est aveuglé; mais il n'est pas corrompu Ceux qui ne le connaissent que par Zola ne le connaissent point. Ses vices ne sont pas ceux de *l'Assommoir* et ses vertus, brutales comme ses colères, ont des énergies insoupçonnées des gens de plume. La petite sœur des pauvres et le confrère de Saint-Vincent de Paul, seuls en savent quelque chose.

Vague, désunie, illogique et peureuse, la bourgeoisie est de beaucoup plus malade que le peuple.

Et cependant, avec tout le christianisme qu'il a encore dans les veines, le peuple vote depuis 15 ans, en athée et en franc-maçon. C'est la politique qui nous vaut cela. Faites comme le vaillant petit journal *La Croix*, le clairon d'avant garde de la presse catholique de demain, et vous serez obéi : Tout pour Dieu et en avant ! Les foules politiquement désabusées de tout attendent un signe du ralliement qui ne soit pas de l'homme. Seul le règne social de Jésus-Christ sauvera le monde.

D. — Tous les journalistes conservateurs ne pensent pas ainsi.

R. — Alors, qu'ils s'abstiennent de toucher à la hampe du drapeau catholique. Si convaincus et si lettrés soient-ils, ces journalistes là ne sont pas les hommes du combat nouveau. Les économistes et les diplomates ne nous sauveront pas des abîmes. Il faut à la presse française les trois cents de Gédéon, pieux sans ostentation, mais communiant au corps de Jésus-Christ avant d'aller en guerre — et avec ces trois cents là, dans dix ans, toutes les Madianites de la Révolution auront vécu !...

D. — C'est une brillante chimère, vous n'êtes pas pratique. Qui nous sauvera?

R. — Dieu et nous-mêmes.

D. — Comment cela ?

R. — Dieu nous sauvera si nous le prions comme il faut, et c'est le bien prier que de le servir fidèlement. Avant tout, la vie intime et la vie publique doivent s'harmoniser avec le strict accomplissement des devoirs religieux. Il n'y a pour personne action chrétienne, féconde et salutaire sans cela.

D. — Mais vous vous écartez du titre de votre chapitre ; « Qu'est-ce qu'un bon journal ? »

R. — Point du tout, et, après avoir constaté que le Bien, dans la presse, est représenté par 3 et le Mal par 9, je vais vous dire, maintenant, ce que c'est qu'un bon journal.

D. — Vos développements antérieurs le font suffisamment pressentir. Pour vous, le bon Journal c'est celui qui prêche à propos de tout, c'est le tribun de la chaire de papier.

R. — C'est une erreur. Je déteste les thèses et les articles de plus de 150 lignes, et si jamais je moralise c'est en jouant parmi les fleurs de la petite chronique.

Mais je suis certain — et 27 ans de Journalisme m'en ont convaincu — qu'un trait heureusement lancé au bout d'un *fait-divers*, une courte réflexion sur une action coupable, une pensée juste, même à propos d'un rien, une glose en six lignes sur un événement quelconque, grave ou triste, d'intérêt général ou de moindre importance, tout cela peut avoir aujourd'hui la plus grande utilité et la plus salutaire portée, avec la marque chrétienne au bout du porte-plume.

D. — Soit, parlez-nous, maintenant, de la forme de la polémique ?

R. — Léon XIII a daigné répondre pour moi, et je crois qu'après la parole papale, tout commentaire serait aussi prétentieux qu'indiscret de ma part. Donc, Sa Sainteté Léon XIII a tenu le langage suivant à toute la presse cathotique, dans une réception au Vatican qui eut lieu en 1879 : « ...Bien que les écrivains catho-
« liques ne puissent pas se servir de ces artifices et de
« ces finesses qu'utilisent souvent les adversaires, ils
« peuvent pourtant facilement les égaler par la va-
« riété et l'élégance de leurs écrits. Mais pour arriver
« à cette fin désirée, il convient grandement d'avoir un
« *langage grave et modéré*, afin qu'aucun mot *acerbe*
« *ou inconsidéré* ne vienne froisser le cœur des lec-
« teurs et afin de ne pas servir la passion des partis
« et des intérêts particuliers, en laissant au second
« plan le bien général »

Tout le journalisme catholique — digne de ce nom — est dans ces dix lignes.

D. — N'avez-vous pas déjà fait lire au congrés de Lille, une étude sur les romans mauvais des soi-disants bons journaux ?

R. — Oui et je reviens — mais sobrement — à cette question si importante et si mal comprise, même par de très honnêtes publicistes.

Non, je n'appelle pas, quoiqu'on en dise, « bons journaux » ces centaines ou ces milliers de feuilles conservatrices, royalistes, impérialistes ou ré-publicaines qui, contentes d'avoir posé une thèse avouable, dans leur première colonne, servent au lec-teur un roman qui ne repose que sur l'adultère en lambris dorés ou les étoiles poétisées du demi-monde et en « poudre de riz » sentent l'impudeur à coups de périphrases élégantes, mais lascives. Et nous voyons cela tous les jours, lorsque le mauvais roman du bon journal ne va pas jusqu'aux turpitudes de la grosse pornographie glissées entre deux alinéas de sentiment et couvrant comme elle peut son réalisme bestial et son infecte marchandise.

D. — Certes beaucoup de journaux politiques ou littéraires, de toute nuance ont des feuilletons-romans qu'il n'est pas bon de laisser traîner sur la table de famille ni de mettre entre les mains de tout le monde. Toutefois, lorsque les petites filles sont couchées et que les petits garçons s'occupent de leurs thèmes et de leurs versions, le père et la mère peuvent peut-être bien lire ces productions là sans grand danger.

R. — En êtes-vous bien sûr ?

D. — D'ailleurs, les conclusions d'une foule de romans à détails légers sont assez morales.

R. Oui, la morale dépaysée arrive là comme au 5ᵐᵉ acte d'un drame de l'Ambigü : ce qui n'empêche pas que, quatre autres actes durant, le vice doré ou nu y traîne ses haillons. Famille, mariage, chasteté du jeune homme, innocence et pudeur de la jeune fille, on fait bon marché de tout cela pendant deux cents pages, et, parce qu'une impure de renom, prise d'un accès de religiosité qui n'a rien de commun avec le repentir d'une de La Vallière, se fait petite sœur des pauvres au dernier chapitre, vous estimez que la morale est satisfaite ?

Roméo, c'est l'imbécile pour ces romans là; Don Juan, seul est l'homme d'esprit, et Juliette est une petite sotte qu'il importe de former chez l'aristocratique, Phyrné, riche de robes plus que de pudeur, du Casino de Deauville ou de Royan.

Allez consulter les confesseurs, et s'ils ne peuvent révéler les secrets des consciences, ils vous diront, du moins, quelle pernicieuse influence exerce sur la famille le mauvais roman du bon journal.

D. — Mais où trouverez-vous des romans convenables et d'une assez forte charpente dramatique pour intéresser les masses qui ont pris le goût du piment?

Est-ce avec l'eau sucrée et l'orgeat des Bibliothèques

Saint-Vincent de Paul et des cercles catholiques que vous pourrez les satisfaire.

R. — Je suis bibliothécaire général de la Société Saint-Vincent de Paul du Havre depuis six ans, et, avec un crédit de 2.500 francs, je fournis, de Mars à Juin, tous les ans 800 volumes reliés aux cinq bibliothèques de ma ville natale. Or, sur ces 800 volumes, qui peuvent être mis entre toutes les mains, je compte trente auteurs qui peuvent lutter avantageusement par la puissance de l'invention, la trame scénique et le coloris du style contre toutes les petites horreurs, dites dramatiques et littéraires, que, chaque matin, 25,000 lecteurs et peut-être 30,000 lectrices de journaux à un sou, lisent, au Havre, à l'heure du premier déjeuner et dont ils sont aussi avides que de leur tasse de café.

D. — Mais ces auteurs, il est difficile de les reproduire pour les journaux qui ont des traités exclusifs avec la Société des Gens de lettres et ne peuvent donner que les textes fournis par cette dernière.

R. — C'est pourquoi je suis venu au Congrès de Lille et si ma faible voix peut y être écoutée je pousse ce cri d'alarme : « Faites une Société de Gens de Lettres catholiques, ou, sinon, avant dix ans, ce qui reste de pureté et d'honneur dans les couches populaire aura disparu par la faute de la presse cyniquement licencieuse aussi bien que par celle du soi-disant bon journal à mauvais romans.

Misereor super turbam, j'ai pitié des foules qui manquent de pain, disait Celui qui multipliait les pains et les petits poissons pour rassasier les masses suspendues à ses lèvres divines !

Et vous, fils de Jésus-Christ, vous ne conjureriez pas cette lèpre qui s'appelle le mauvais feuilleton. Vous la laisserez gangrener vos salons par le journal de reportage à vingt centimes, et les mansardes des pauvres que vous visitez, par le journal à un sou ?

Si votre enfant vous demande du pain, lui donnerez-vous une pierre ?

Le peuple de France veut du pain littéraire chrétien, ou bien moralement il est mort.

Si vous voulez que l'honnête fille d'aujourd'hui soit la bonne mère de famille de demain, songez à la réforme du roman.

Vous aurez beau multiplier les articles politiques sages et bien pondérés, l'homme du peuple votera toujours de travers, si sa femme ne le ramène pas aux urnes avec ces deux mots : Dieu et France.

Et elle ne l'y amènera pas, si vous laissez la littérature déshonorer et salir le foyer populaire.

Quid leges sine moribus vanœ proficiunt. Il nous faut d'abord les bonnes mœurs, je le répète, pour avoir ensuite les bonnes lois.

D. — Avez-vous d'autres griefs que le roman léger à reprocher aux journaux conservateurs?

R. — Oui, j'en ai quatre autres : le récit détaillé des suicides, la glorification du Duel, le compte-rendu badin des scènes de mœurs du tribunal et le fait-divers mal choisi, licencieux ou frivole.

D. — Parlez sur ce thème.

R. — Je serai bref. En somme, mes quatre griefs se reduisent à trois, depuis l'admirable lettre, si décisive, de Léon XIII contre le Duel, (septembre 1891). En effet, je suppose que nous n'aurons plus à déplorer le scandale honteux et quasi-permanent, depuis 20 ans de ces Républicains, Impérialistes et Royalistes, plus fidèles à une cocarde politique qu'à la loi de l'Église et qui, sous le fallacieux et ridicule prétexte du point dit d'honneur se battaient en duel à tout propos et surtout même hors de tout propos, comme si l'honneur, pour un catholique, ce n'est pas avant tout l'obéissance à la loi de Dieu!

Donc, je passe aux trois autres griefs. J'appelle « récits détaillés des suicides » ces imprudentes et coupables chroniques où, d'un cœur léger et distrait, tant de gazetiers et de reporters semblent se complaire à publier les dernières lettres, les avis suprêmes, de ces pauvres désespérés de la bataille de la vie qui, brûlants d'alcool et de fièvre, se livrent, au seuil de l'Eternité, à je ne sais quels délirants accès de sentimentalisme échevelé et de religiosité maladive. Ils parlent de Dieu et ne songent point à leurs âmes immortelles. Les doux mots de père et de mère, d'époux et d'enfant tombent même de leur plume affolée et ils veulent que la galerie plaigne amèrement tous ceux qu'ils vont désoler à jamais.

Or, je dis que ce bizarre mélange de sentiments contraires et d'idées opposées est d'un fatal exemple pour le public, lorsque le journaliste recopie mot à mot ces divagations attristantes. Je dis même qu'en posant ainsi le coupable devant la galerie on le poétise d'une certaine façon, comme Milton a poétisé la Révolte en Satan, et qu'il peut ainsi trouver des imitateurs, par ce fait seul qu'on lui donne une auréole au lieu d'un coup de lanière.

D. — Vous avez raison s'il s'agit du suicide volontaire, réfléchi et prémédité de longue date; mais s'il ne s'agit que d'un pur accès de fièvre chaude, n'êtes-vous pas trop sévère ?

R. — Non je ne suis pas trop rigoureux.

Le public ne distingue pas entre le suicide de fièvre chaude et le suicide réfléchi. D'où tant de récriminations ridicules des libres penseurs qui veulent que l'Église enterre avec office ceux qui se placent en dehors de son sein en se suicidant froidement et de parti pris

Le reportage sans retenue produit peut-être un bon tiers des suicides, et les désespérés rêvent de faire leur notice nécrologique avant d'allumer le réchaud ou de s'attacher à la potence. Vingt trois jours, la presse à un sou à vécu du suicide de Boulanger, et, depuis, ses colonnes ne désemplissent point de récits de morts tragiques et voulues. Femmes, vieillards, jeunes filles, enfants, il semblerait que tout le monde aspire à mourir lâchement comme le triste héros qui trahit sa digne femme pour une Bonnemain, sans sauver pour cela son pays !

Et des millions d'images ont montré la poitrine d'un général français trouée par une balle sur le tombeau d'une impure.

Où sont nos vieilles images d'Épinal qui sanctifiaient l'atelier et ne le deshonoraient point.

D. — Et la chronique du tribunal, quel danger y voyez-vous ?

R. — Le moyen âge cultiva la gaudriole et n'en périt point; mais nous mourons de cette corruption sèche de l'esprit, veuve de gaîté naturelle et que nous appelons le mot pour rire de l'audience et la comicalité charivaresque. Le reportage du tribunal rit trop souvent et amoindrit tout respect des choses respectables dans les masses. Le fait-divers mal choisi, libertin et licencieux, rentre dans le même cas que la charge du Palais, et sans nuire autant à la notion de l'Autorité, fait peut être autant de mal au bon sens public.

Voilà tous mes griefs contre le soi disant bon journal, et j'ouvre mon chapitre deux.

CHAPITRE II

D. — Pensez-vous que le mandat de journaliste
catholique, ainsi compris, puisse être exercé par tout
le monde,

R. — Non, et c'est précisément parce qu'une foule
d'honnêtes gens croient que le journalisme après tout
n'est qu'un métier, qu'ils n'ont pas la juste vision du
bon journal.

Non, la science et le mérite littéraire ne suffisent point
à former le journaliste catholique. Il faut avant tout
que ce journaliste vive rigoureusement selon la doctrine
de sa plume. On ne sert pas Jésus si l'on appartient à
Bélial.

Les faiseurs sans logique et sans conviction, voilà
la plaie du journalisme conservateur contemporain,
heureux encore s'il ne va pas jusqu'à s'abîmer dans les
libertins et les viveurs...

Vous me trouverez peut être dur sur ce point là.
Mais le divin Jésus, mon maître, prit un jour un fouet
et chassa les voleurs du temple.

D. — Un bureau de journal est-il donc aussi sacré
qu'une église?

R. — Non, mais celui qui tient des âmes au bout de
sa plume, doit être aussi prudent qu'un prêtre.

D. — Le Journalisme est donc un sacerdoce?

R. — Non, c'est un Apostolat.

D. — Expliquez la différence de ces deux termes.

R. — Le sacerdoce c'est la collectivité des prêtres
d'une religion, et l'apostolat, c'est la vie dévouée de
tout homme religieux, laïc ou prêtre, au triomphe de

l'idée doctrinale professée. Tout prêtre est apôtre ; mais il ne s'en suit pas que tout apôtre soit prêtre. Autre est la mission du prêtre et celle du journaliste chrétien.

Le *Journal de Rome*, dans un de ses plus brillants numéros de l'année 1882, s'est exprimé en ces termes :

« Pour les discussions de théologie et de doctrine, « l'Eglise a des chaires du haut desquelles elle distribue « à tous l'enseignement orthodoxe. La presse catholique « manque à sa mission si elle l'excède. Alors, elle ne se « distingue plus de la presse révolutionnaire qui s'ar- « roge le droit de critique sur toute autorité légitime.

« Eclairer les populations catholiques sur les droits « du Saint-Siège ; revendiquer la liberté de l'Eglise pour « son chef et pour ses membres contre la tyrannie ré- « volutionnaire et athée ; opposer les principes de l'État « chrétien aux principes du paganisme renaissant ; « affirmer la vérité contre l'erreur ; montrer aux puis- « sants qu'ils sont faibles sans l'aide de Dieu et aux « faibles qu'ils sont forts par l'Eglise ; souffler l'esprit « chrétien dans la société moderne, n'est-ce donc pas « là un champ assez vaste au talent et aux efforts des « polémistes catholiques. »

D. — Mais sous l'apostolat, il y a l'affaire, et tout journal appelle un important groupement de capitaux, si pur soit-il, pour réussir ?

R. — Salomon lui-même a dit que tout obéit à l'Argent et il importe qu'une affaire, honnête et bien montée, soit le pivot même des œuvres les plus géné-reuses.

Voilà précisément le point délicat à toucher. La plupart des journaux français sont fondés par actions. C'est un bien et c'est un mal.

D. — Expliquez-vous ?

R. — Le journal avec ses outillages perfectionnés et la multiplicité de ses services, appelle un capital de fondation et de roulement trop considérable, surtout dans les grands centres, pour que l'on songe à le fonder en dehors du principe de l'association.

Or, il advient trop souvent que, idée à l'origine, le journal ainsi fondé devient ensuite affaire industrielle et devie insensiblement de son but.

On avait groupé des capitaux pour une œuvre de propagande morale; mais, soit que ces capitaux aient changé de propriétaires, soit que les apôtres de la première heure soient devenus des actionnaires qui ne rêvent que dividendes, le plan original ne ressemble pas toujours aux concepts qui suivent. Nous devions être catholiques, dit l'un; mais les temps sont bien difficiles. Si nous nous contentions d'être conservateur sans accentuation religieuse. Plus tard nous verrons à faire mieux, lorsque la masse sera venue à nous.

Les pauvres dupes de la tiédeur! Le journal manque alors de caractère et d'autorité. Il n'exerce aucune action sur l'opinion et on hausse les épaules dans tous les camps sur sa mollesse doctrinale et l'incohérence de sa conduite éclectique. Voulant contenter tout le monde il ne plaît à personne et... au bout de vingt ans d'existence du journal, l'actionnaire n'a pas même touché un soupçon de dividende.

D. — Et les journaux de votre type préféré, catholiques de pied en cap, sont-ils donc plus riches.

R. — Ils ne le sont ni plus ni moins que les semichrétiens et les indécis — et de plus ils ont la conscience du bon combat et l'estime de tous — même de leurs adversaires : ce qui est bien quelque chose.

D. — Comment formeriez-vous le conseil de direction de votre journal catholique ainsi compris.

R. — J'y voudrais un prêtre ou deux, un apologiste instruit et un juriste autorisé.

D. — Pourquoi ce mélange de prêtres et de laïcs. Est-ce que les plus puissants des actionnaires, simple compte tenu de leurs valeurs engagées, ne suffisent pas à la formation d'un sage et bon conseil de direction.

R. — Nullement, et vous oubliez que sous l'affaire il y a l'œuvre. On ne trafique pas des idées comme du sucre et du café. Pour ma part, j'aurais souvent préféré rencontrer un pauvre curé de campagne dans le conseil de direction d'un journal que le plus honorable des financiers, et j'estime que l'œuvre et l'affaire n'en n'auraient pas marché plus mal. Je ne crois à la force des associations catholiques qu'autant que le prêtre et le laïc s'y coudoient et s'y donnent la main. Ozanam pensait ainsi au début de la société St-Vincent de Paul, et je crois que de deux hommes égaux en intelligence, un prêtre et un laïc : le premier l'emportera toujours sur le second par l'autorité de son expérience et de ses conseils; il a creusé des âmes !

D. — Est-ce qu'un cabinet de rédaction est une école de théologie et de jurisprudence. Où trouverez-vous d'ailleurs, les éléments voulus pour former dans les journaux un tel conseil de direction et de rédaction. Ce journal-type est irréalisable. Vous ne pourriez pas en fonder un par province.

R. — Par département, l'entreprise offrirait çà et là, quelques difficultés; mais par province, elle est absolument pratique, et c'est précisément pour parler de la restauration de la presse par la fédération provinciale — une idée personnelle qui roule depuis longtemps dans mon esprit — que je suis venu cette année prendre part au Congrès de Lille.

J'aborde mon sujet, et je procède par des exemples. Autant que possible je serai court, et je reclame de mes auditeurs un surcroit de bienveillante attention.

En échange des produits alimentaires de toutes sortes que la province lui envoie, Paris chaque matin couvre la province de noir d'imprimerie par plus de 160 bouches de publicité, dont 32 ou 33 seulement valent quelque chose. 33 étant à 160 comme 2 est à 11, le facteur du Mal est 11 et celui du Bien 2. Ajoutez à cela les mauvais journaux de province qui, comparés aux bons, sont comme 2 est à 1, ainsi que nous l'avons précédemment établi, et dites-moi si la Province n'est pas moralement rongée par Paris, les organes provinciaux consacrant tous au moins deux pages à vivre de l'encre de la capitale.

D. — Le Mal est immense, mais ne redouteriez-vous pas que le journal catholique par province ne réduisit le nombre des bons combattants départementaux.

R. — Non, il le renforcerait.

D. — Comment cela?

R. — Mon système d'une centralisation par province des feuilles départementales a pour but de tenir en échec l'absorbante centralisation de Paris.

La province est une expression géographique et une

cohésion morale vraie, tandis que le département n'est qu'une division arbitraire du sol.

Pour rendre mon idée plus sensible, je prends un exemple : la Normandie. Elle comprend cinq départements : Seine-Inférieure, Calvados, Eure, Orne, et Manche. Mon journal provincial normand a pour siège Rouen et il est expédié, par ballots, tel qu'il est conçu et rédigé au chef-lieu de la Seine-Inférieure, dans les villes suivantes : Le Havre, Caen, Evreux, Alençon et St-Lô. Chacun des grands journaux de ces cinq villes ne disparaît pas; mais il se fusionne avec le journal provincial-type de la façon suivante : relevé d'édition du Havre, de Caen, d'Evreux, d'Alençon et de St-Lô. Mon journal provincial-type paraissant à Rouen a ses quatre pages pleines pour Rouen et le rayon; mais il est expédié dans les cinq autres villes ci-dessus désignées en deux pages seulement, la *une* et la *quatre*, comme on dit en style typographique. La *deux* et la *trois*, pour employer le même style, sont bloquées, c'est-à-dire blanches et ce sont les journaux transformés et réduits du Havre, de Caen, d'Evreux d'Alençon et de St-Lô qui donnent la matière des branches à ajouter à celle du tronc.

D. — Quelle économie trouvez-vous à ce mode de publicité.

R. — J'y trouve l'avantage d'un outillage magnifique et d'une multiplicité de combinaisons télégraphiques et autres qu'aucun journal de grande ville, fut-il fondé au capital de 400.000 francs ne saurait jamais réaliser. J'y trouve aussi une force unique d'autorité morale, de publicité et de propagande.

D. — Mais comment entraîneriez-vous les journaux des départements dans cette voie, pour peu qu'ils soient solides et bien posés.

R. — Je leur dirais simplement : faites vos calculs examinez vos comptes, pesez votre influence régionale et prouvez moi que, seuls et isolés, vous êtes plus puissants et plus forts que groupés et unis. Et comme l'on ne me prouverait pas que, pris un à un, les cinq doigts valent la main, je crois que l'on serait suivi et que l'avenir de la presse catholique est là.

D. — **Mais cette transformation exigerait des mil-**

lions et votre journal-type devrait être fondé avec un capital énorme.

R. — Non, pas le moins du monde. Mon journal type est fondé, je suppose, à Rouen au capital de 500.000 francs. L'édition du Havre représente 150.000 francs ; celle de Caen, 80.000 francs; d'Alençon 60.000 francs; d'Evreux 75.000 francs; de St-Lô 60.000 francs.

Réunisons les branches au tronc et nous avons, si je compte bien, un capital de 925.000 francs pour la fondation et le roulement de six puissants journaux catholiques, (imprimeries de travaux de ville comprises) soudés les uns aux autres, alors que avec 300.000 francs par journal, on n'arrive même pas toujours à une honnête végétation. Or, six journaux à 300.000 francs représentent 1.800.000 et n'ont ni la même force ni la même valeur.

D. — C'est beau comme théorie; mais n'estimez-vous pas que la mise en œuvre et la réalisation de ce dessein comporte une infinité de difficultés.

R. — Je confie mon plan à la future corporation des journalistes catholiques qui doivent à la fois s'appuyer sur la prière et le travail.

Alea jacta est.

Et maintenant rompant avec la forme, un peu monotone, du questionnaire, je reprends l'allure de la dissertation pour entamer mon troisième et dernier chapitre qui formera mes conclusions : « La mauvaise « presse nous tue, tuons la mauvaise presse. »

CHAPITRE III

LA MAUVAISE PRESSE NOUS TUE

TUONS LA MAUVAISE PRESSE.

Sous ce titre « *Une ville empoisonnée* (1) » j'ai publié, au Havre, en 1880 une brochure populaire dont vous me permettrez de citer quelques paragraphes et alinéas :

« Chaque matin, disais-je alors, je contemple une
« grande ville étendue au pied du côteau que j'habite
« et je me dis : sur 92.000, ils sont là 60.000 au moins
« qui dorment empoisonnés. »

« Oui à des degrés divers, tout centre populeux est
« aujourd'hui ravagé par un poison terrible dont la
« science médicale ne s'occupe point. La jeune fille
« au frais visage comme le vieux garçon basané;
« la grande dame et la cuisinière ; le négociant et le
« cireur de bottes, — tous hélas! sont victimes de la
« mauvaise presse. »

Et j'ajoutais plus loin :

« Si d'un coup et d'une seule fois, le mauvais journal
« vous rendait sensuel, égoïste ou voleur, il y a long-
« longtemps que le noir d'imprimerie serait reglementé
« comme l'arsenic ou le vitriol. Mais cela ne se passe
« point de cette façon. On s'empoisonne à petites doses.
« Puis, un beau jour, en se palpant la tête et le cœur,
« on s'aperçoit qu'on n'est plus le même. A la flamme
« généreuse du Bien a succédé je ne sais quelle flam-
« mèche indécise et vacillante et qui devient le pâle
« soleil de la conscience aplatie. La France qui a sup-
« porté Waterloo et Sedan pourrait bien mourir du
« mauvais journal. »

(1) Imprimerie Mignet — 1880 — Le Havre.

Puis, je tirais ces conclusions : « Les honnêtes gens disent: « *La mauvaise Presse nous tue.*

« Pourquoi les honnêtes gens n'ajoutent ils pas : « *Tuons la mauvaise Presse.*

« Il y a bien quelques timides efforts; mais de plan de bataille et de guerre à outrance, point. »

. . . .

. . . .

Le laboureur normand lève les yeux au ciel et implore la bénédiction divine lorsqu'il a jeté son grain dans la terre.

Mon rôle est terminé et je confie à votre sollicitude, Messieurs, les semailles d'un petit journaliste catholique de Normandie. Et je prie Dieu pour qu'il daigne bénir la semence.

Puissent, dans vos champs fertiles, quelques uns de mes modestes épis lever un jour, mais alors je ne les reconnaîtrai plus, vos cultures leur ayant donné tout à la fois force et accroissement.

C'est du Nord aujourd'hui que nous vient la lumière

Edouard ALEXANDRE.

ANNEXES

—

Bulletin des Procès-verbaux
du Congrès du Nord et du Pas-de-Calais

DEUXIÈME SECTION

DEUXIÈME COMMISSION

—

PRESSE, CONFÉRENCES ET PROPAGANDE

Séance du Vendredi 20 Novembre 1891.

Présidence de M. le baron CAVROIS

La séance s'ouvre à dix heures par la prière.

M. LE PRÉSIDENT donne lecture de la composition du bureau. Il est formé de :

M. le baron CAVROIS, président.

MM. Charles GRIMBERT, GROUSSAU, Auguste ROUSSEL vice-président;

M. Charles PLISTA, secrétaire;

M. ALEXANDRE Edouard, journaliste au Havre, donne lecture d'un très intéressant rapport sur la **Presse catholique**. Cette étude est divisée en trois parties, 1º Qu'est-ce qu'un bon journal? 2º Pourquoi les catholiques n'ont pas toujours la vision d'un bon journal, 3º La mauvaise presse nous tue, tuons la mauvaise presse.

M. ALEXANDRE Edouard souhaiterait que les journaux locaux, qui perdent tous de l'argent, fussent transformés ou groupés en journaux provinciaux sous la direction d'un Comité où entreraient un jurisconsulte, un polémiste et deux ecclésiastiques.

Diverses vues sont échangées à ce sujet M. LE PRÉSIDENT, M. Auguste ROUSSEL, vice président, le R. P. JONAS, le R. P. BAILLY, MM. DE SAINT-PHILBERT, comte DE BIZEMONT, DE RAISMES et PAILLARD, prennent part à la discussion.

L'assemblée pense que le groupement des journaux par province est une œuvre difficile à réaliser.

M. Auguste ROUSSEL signale les inconvénients d'un Comité directeur provincial. En Espagne, les évêques à la suite d'un Congrès catholique, avaient pris la résolution de soumettre tous les journaux catholiques à la censure. Or, il est arrivé que tel article approuvé à Madrid ne l'était pas dans un autre diocèse. On a dû cesser de mettre en pratique cette résolution. (1)

Le R. P. JONAS dit que le devoir des évêques est de veiller sur la presse Il appuie la pensée de M. ALEXANDRE Edouard.

M. LE PRÉSIDENT prie M. ALEXANDRE Edouard de rédiger un vœu dans le sens de sa proposition.

L'Assemblée est unanime à reconnaître la nécessité d'un bon choix dans les romans publiés par les journaux catholiques. La Société des gens de Lettres n'offre pas à cet égard, des garanties suffisantes aux Catholiques. M. ALEXANDRE Edouard propose de fonder une Société analogue animée de sentiments chrétiens.

M. ROUSSEL dit que la corporation des journalistes chrétiens dont il a été parlé dans les précédents Congrès et qui a été fondée à Paris il y a quelques années, prend une très sérieuse importance, et pourrait rendre des services. Il ne pense pas cependant que son organisation permette de la transformer, quant à présent, en Société pareille à celle que souhaite M. ALEXANDRE Edouard.

M. le PRÉSIDENT soumet au vote de l'Assemblée les deux vœux suivants, proposés par M. ALEXANDRE Edouard, comme conclusions de son rapport :

(1) L'auteur de ce rapport demande ici la permission de combler une lacune du procès verbal de Lille. Il fit, en effet, remarquer à M Roussel que les divergences signalées par ce dernier ne pouvaient porter sur des *matières doctrinales essentielles*, et ne devaient concerner que *des opinions libres*: ce qui lui valut le bienveillant appui du R. P. Jonas et de l'assemblée.

1° Vœu de formation d'un groupe provincial de prêtres et de laïcs pour donner à la Presse catholique de sages avis et une sorte de direction morale :

2° Vœu en faveur de la constitution, à Paris, d'une Société d'auteurs et de romanciers catholiques, dans le but de fournir à la Presse catholique un choix de bons romans.

Ces deux vœux sont adoptés séparément, à la majorité.

*
* *

Extrait du journal « la *Vraie France* » de Lille, du 21 Novembre 1891.

« Hier matin à 10 heures, au Cercle de la rue Marais, a eu lieu une séance fort intéressante au sujet des œuvres de presse.

« La commission était composée de M. le baron Cavrois et de MM. Grimbert et Auguste Roussel.

« M. Edouard Alexandre, publiciste et ancien rédacteur du *Courrier du Havre* a lu un rapport concernant le journal en général et le roman.

« Avec une grande élévation de vues et un rare bonheur d'expressions, M. Alexandre a tenu l'auditoire sous le charme de sa parole et a déposé plusieurs vœux, adoptés après quelques observations, au sujet d'une association de romanciers et d'auteurs catholiques pouvant fournir à la presse départementale un choix de bons feuilletons ; il a également proposé à l'assistance d'accueillir une motion touchant la formation d'un comité de direction pour les journaux qui désireraient y avoir recours, comité composé, suivant le précepte d'Ozanam, de prêtres et de laïques. »

Paris. — Imp. Téqui, 92, rue de Vaugirard

TEQUI, LIBRAIRE-ÉDITEUR

85, Rue de Rennes, 85.

(EXTRAIT DU CATALOGUE)

Une explication du Catéchisme, par l'abbé Brulon, 4 volumes in-12, prix : 12 fr.

Sous ce titre modeste vient de paraître un ouvrage d'une très grande utilité pour MM. les Curés, les élèves des grands séminaires, les communautés religieuses et les familles chrétiennes.

Au prêtre, il rendra de vrais services pour catéchiser les enfants de différents âges; car on y trouvera tous les éléments les mieux appropriés aux jeunes intelligences et les plus propres à leur laisser une impression salutaire et durable.

Les jeunes lévites feront acte de prudence, dont ils n'auront dans la suite qu'à se louer, en lisant et en relisant les quatres volumes, équivalant à une bibliothèque qu'ils mettraient plus de vingt ans à explorer.

Une explication du catéchisme sera également pour les parents un précieux auxilliaire qui leur permettra de surveiller et de compléter la grande œuvre de l'éducation religieuse de leurs enfants.

Abbé de Terris

Semaine religieuse d'Avignon

Par Monts et par Vaux. Prix 3 francs.

Voici un nouvel ouvrage du P. Vaudon. Quelques lignes en diront l'intérêt.

La première partie est comme un pèlerinage en Lorraine, à Metz, où Mgr Dupont des Loges apparaît dans une sorte d'auréole que lui faisait son invincible attachement à la mère-patrie; aux champs de bataille de Borny, où rayonne dans la pourpre de son sang le général Decaen, type sans tache du soldat-chrétien, à Gravelotte, plaine immense, immense ossuaire.

Après ces douloureux pèlerinages, l'auteur nous fait lire les poètes de la guerre : Déroulède, Bornier, Theuriet, et surtout Louis Veuillot dont le vers militaire sonne comme un clairon.

Puis, la porte hospitalière de quelques châteaux de la Lorraine s'entrouve. Il y a dans ces pages rapides comme un reflet de ce livre exquis : *Çà et là*, et des paysages décrits d'une plume qui vaut un pinceau.

On se repose des excursions par une sieste dans la Bibliothèque et on lit des ouvrages parus d'hier. L'auteur n'est pas seulement un paysagiste, mais un fin lettré doublé d'un malicieux critique.

Au sortir de la bibliothèque, voici la Moselle et ses courbes gracieuses; voici Trèves et surtout Echternach, la ville des *Saints Dansants*. Rien n'est curieux, pittoresque, émouvant, comme ce *Mystère* du moyen âge qui, chaque année, se renouvelle en cette fin sceptique de notre dix-neuvième siècle.

Enfin (et cette seconde partie est peut-être la plus neuve, la plus originale du volume), l'auteur nous conduit à pied, sac au dos, sur la rive gauche de la Moselle, à l'est de l'Ardenne et des Hautes-Fanges, jusqu'à la vallée du Rhin, à travers un pays presque inconnu : « plateau désolé, vallées gracieuses aux eaux courantes, cratères ciselés comme des coupes, lacs endormis, villages solitaires, « le Pays des neiges » qui est aussi le Pays des volcans, la Sibérie allemande, en un mot l'Eifel.

C'est un charme que de suivre par monts et par vaux notre guide alerte, joyeux, intrépide, et de chanter avec lui tout le jour, en de ravissantes excursions, le psaume *Benedicite*.

Les Chevaliers de la Dynamite, par Lucien Thomin. Un vol. in-12, *prix :* 2 fr.

Le titre seul de ce volume doit lui assurer un grand succès au moment où tous les Ravachol du parti anarchiste renouvellent en grand les tristes exploits auquels ils se préparaient, il y a une dizaine d'années, au milieu des événements de Montceau-les-Mines dont M. Lucien Thomin décrit le premier acte.

On trouve dans ce récit quelques figures bien accentuées, le docteur Dufresnay, vieux type du bourgeois voltairien et soi-disant démocrate ; Madeleine, sa nièce, l'ange de la famille, qui garde jusqu'à la fin le beau rôle ; Charles, son fils, malheureuse victime des francs-maçons anarchistes qui l'entraînent jusqu'à l'abîme ; et à côté d'eux quelques figures qui n'apparaissent qu'au second plan où elles se détachent de manière à donner de la vie au tableau principal.

Livre d'une lecture attachante, *les chevaliers de la dynamite* ont leur place marquée dans toute bibliothèque de paroisse et de maison d'éducation où l'on voudra donner une autre pâture aux intelligences que ces romans prétendus honnêtes qui ne diffèrent guère des romans qui ne le sont pas. Celui-ci est instructif et moralisateur autant que rempli de charme et d'intérêt.

P. DE T.

Marthe de Bellesmont, par Mᵐᵉ la Comtesse de Beaurepaire de Louvagny. Un volume in-12 de 348 pages. Paris, 1892. Prix : 2 francs.

Marthe de Bellesmont aurait été la plus heureuse des jeunes filles si son grand'père M. Lefebvre, entrepreneur de constructions, ne s'était pas ruiné ; si sa mère n'était pas morte prématurément ; et si son père accablé par tant de revers, n'avait pas été frappé par une attaque de paralysie. De plus, M. de Bellesmont était protestant, mais s'est converti au catholicisme; ce qui l'a brouillé avec sa mère, une rigide puritaine. Marthe est donc bien malheureuse, puisqu'elle ne peut demander aide et assistance à personne. Cependant le curé de sa paroisse lui procure une place de dame de compagnie; et il se trouve qu'elle entre, en cette qualité, et sous le nom de Mlle Martin, chez sa propre grand'mère !

Les commencements sont difficiles; mais peu à peu Marthe conquiert le cœur de sa maîtresse; et quand son frère, qui est missionnaire, le P. Bernard, revient des pays lointains, tout s'arrange grâce à son éloquence. Mme la comtesse de Bellesmont reconnaît sa petite fille, se réconcilie avec son fils; se fait instruire dans la religion par son petit-fils; et la famille de Bellesmont devient la plus unie, la plus fortunée du monde. Je crois même que Marthe se marie avec un jeune gentilhomme, doué de tous les dons de la science et plein de mérite.

Voilà un livre qu'on m'a permis de lire dans le salon; donc il est écrit pour les jeunes filles; ce qui n'est pas une raison pour qu'il n'amuse pas aussi les jeunes gens qui n'ont pas fini leurs études. J'ajoute que je souhaiterais qu'on nous donnât, au couvent, de semblables ouvrages à la distribution des prix : c'est bien plus amusant que *l'Histoire des plantes*, ou *la Description de la nature*, et tout aussi moral.

Madeleine de Bernouville.

DÉPOTS DE CETTE BROCHURE

TÉQUI, 85, rue de Rennes. — Paris.

Journal *La CROIX*, 8, rue François Ier. — Paris.

La VRAIE FRANCE, rue de Pas. — Lille.

Mme Vve Guyard, 40, rue de Bordeaux. — Le Havre.

Chez l'auteur : 103 rue de Montivilliers. — Le Havre.

Et dans tous les Bureaux des *Croix* de province.

Paris. — Imp. Téqui, 92, rue de Vaugirard.